별빛 체인점

별빛 체인점

2013년 5월 25일 초판 1쇄 찍음
2013년 5월 31일 초판 1쇄 펴냄

지은이 _ 김정석
펴낸이 _ 나문석
펴낸곳 _ 도서출판 두엄

등록번호 _ 제03-01-503호
주소 _ (700-441) 대구광역시 중구 남산3동 582-7번지
대표전화 _ (053)423-2214
전자우편 _ dueum@hanmail.net

ISBN 978-89-85645-45-4 03810

* 책값은 뒤표지에 표시되어 있습니다.

별빛 체인점

김정석 시집

도서출판 두엄

시인의 말

손을 꼭 쥐고

펴지 않는다

오돌오돌 떨면서도

펴지 않는다

뭐가 있는지 모두 아는데

그래도 펴지 않는다

겨울 목련처럼

2013 봄날, 광양에서
김정석

차 례

1부

2부

3부

4부

1부

엽서

밤이 늦어지자 하늘은 저수지에서 돌멩이를 꺼내듯
검은 성냥갑 쌓은 듯한 아파트의 남은 불빛을
천천히 끌어올린다

대다수는 고향으로 떠나 텅텅 빈 주차장에서
바람은 애매한 축구공만 구석으로 몰고 있다
고양이는 쓰레기통 옆에서 울음을 참고 있다
이 풍경을 모두 보고 있는 국화는 입을 앙다물고 있다

한가위 달이 마로니에 이파리 그늘을
아스팔트 바닥에 새긴다
잎그늘체로 또박또박 쓴
하늘에 계신 어머니가
고향 못 가는 아들에게 보내는 엽서다

강경에서 만난 웃음

강경 젓갈 시장, 어리굴젓을 팔던 여자
젓갈통들 나란한 좁은 사이를 지나다
엉덩이가 서로 닿아 둘 다 웃었는데
그 겸연쩍은 웃음이 오래도록 남았습니다
웃음도 충청도에서 태어나면
느리게 물무늬처럼 퍼지나 봅니다
한 웃음이 끝나고
그 웃음의 끝을 지우기도 전에
새 웃음이 태어나는 얼굴
어리굴젓, 명란젓, 새우젓처럼
오래 묵혀도 상하지 않는 삼투압 웃음
그냥 하는 인사에도 젓갈처럼 정이 감겨와서
이 맛 저 맛 볼 것도 없이
웃음맛 하나만으로 젓갈 두 통 사들고 왔답니다
어쩌고 저쩌고 수작을 할 처녀 총각도 아니지만
오는 길 내내 마음이 설레설레 일어서기도 하고
품고 온 웃음이며 말들이 삭아가는지
내 몸에서도

강바람에 곰삭은 젓갈 냄새가 났습니다
또 오라는 인사는 못 듣고 왔어도
강경에 가면
아무래도 젓갈부터 사러 갈 것 같습니다

눈 내리는 밤

독일병정의 철모가 문 쪽으로 향한
시선을 거두지 못한다
구식 난로 위 주전자 뚜껑이 들썩인다
기다림이 지루한 모양이다
마음 급한 음계 몇은 통기타를 뛰쳐나와 좁은 실내를
빠르게 빠져 나간다
계산대에 앉은 여자가 화장을 고친다

창 밖에는 눈이 지루하게 내린다
잘 닫아도 문짝 한 귀쯤은 꼭 틈이 보이는
좀 허술한 찻집에서
후후 불어 마시던 엽차같이 따뜻했던 한 때를
기억하며
그렇고 그렇게 살아오면서 잊었던 사람을 위해
더운 엽차를 한 잔 더 주문한다

폭식증 환자처럼 먹어대던 저녁 식사를 거른 것도 잊고
눈 쌓인 길을 돌아갈 걱정으로

내리는 눈도 제 몸으로 받아내지 못하는
똥차, 그 놈에 대한 것도 잊고
이미 한 치 앞도 보이지 않을 텐데
마당의 느티나무는 눈보라 속으로 보낸
마음 거두지 못하고
그 마음 받아먹은
눈은 영 그칠 것 같지 않고

완독(玩讀)

버려진 책이 풀섶에서 풀비에 젖을 무렵이었어
개구리들이 책을 읽었지
빗방울이 한 자씩 짚어주더군
빗물이 글자를 파내기 시작하자
책장은 점점 까매지고 글자는 점점 하얘지더군
책은 제 안의 열로 지상에서 뜨거웠던 글자들
화장(火葬)하는 것이었어
갈 때는 말 한마디도 남기지 말라고 하더군
재만 두고 가야 저승의 말로 번역되는 것이래
비 그치자 바람이 책을 읽더군
책은 만장(輓章)처럼 펄럭였어
풀밭은 제 몸을 넘기는 풀책들의 소리로 가득했지
장관이더군
그리 한참을 소란스럽더니 조용해졌지
책을 다 읽었나봐
새로 생긴 풀무덤 하나 동그랗게 한 생을 품고 있었지
하늘은 더 깊고 파랗게 멀어져 있더군

메꽃

다리 잃은 누이가
블럭담 아래 씨를 뿌렸다
여름 한 철 잘 자란 메꽃이
누이에게 담 밖 풍경을 보여준다

메꽃이 오르는 하늘을
잠자리 떼가 다리미질 한다
하늘이 파랗게 펴진다

잠자리가 누이의 마음을 물어다 하늘에 뿌린다
점점이
흩어진 꽃씨가
명년 봄에는
연보라 빛으로 담 밖에서도 곱게 피겠다
누이의 얼굴을 세상에게도 보여 주겠다

별빛 체인점

주인 닮아 관절통을 앓는 의자가 자꾸 삐그덕거립니다
아이들이 깰까봐 스위치를 내리자 장미알 전구가 소리를 팽팽하게 잡아당겨 어둠 속으로 끌고갑니다

수저가 고단한 하루를 펴는 살강 안 고단한 나의 허리도 함께 눕히고 싶습니다
쉽게 떨어지지 않던 나쁜 생각들도 그릇에 엉겨 붙은 밥풀 따라 기명물에 잠겨 하루를 씻어 내려 합니다

먼 나라에서 욕심으로 데려온 별 두 개가 달게 잠들어 있는 방으로 들어갑니다

덮어주어도 잠결에 차버리는 이불처럼 가난을 무서워하지 않는 녀석들, 고맙고 기특해서 애비 마음 한 자락 내려놓고 아내 옆에 슬며시 누워봅니다

왼종일 소문으로 무성하던 골목도 빛을 하나 둘 걸어 잠그는 시간, 떠돌던 먼지들도 하루를 마친 물건들 위에 내

려앉아 쉬고 있습니다

커튼 틈을 비집고 겁 없고 싱싱한 풋별들이 덤벼듭니다

몸 안의 피들은 아랫도리로 몰려서 자는 척 돌아누운 아내의 굵은 허리를 힘주어 안아봅니다

또 다른 별을 훔쳐올 음모로 방이 바쁘고 더워집니다

귀가 없다

폐에 물이 차오르는 아빠가
액자 속 폐선을 보는 시간이 늘어난다
액자는 날마다 조금씩 바다 쪽으로 기운다
갸르륵 갸르륵 아빠의 숨소리가 시궁쥐를 부른다
그 시궁쥐가 형만이를 잠으로 물고 간 사이
중국에서 온 엄마는 국적을 얻어 떠났다

거동이 점점 불편해지는 아빠의 길이 짧아져
과수원까지 미치지 못하자
불그레한 복숭아 속에는 벌레들이 우글우글하다

열병으로 소리를 잃은 형만이가 복숭아를 그린다
복숭아의 위장을 이미 알고 있다는 듯
여섯 살 형만이 그림에는
빨간 피와 푸른 창자와 오글거리는 벌레들뿐이다

벽에 걸린 고흐의 자화상이 말한다
'나는 빨강과 초록으로 인간의 무서운 열정을 표현하려

고 했다' *

형만이는 빨강과 초록으로 엄마를 그렸다

귀가하지 않는 엄마는

고흐처럼 귀가 없다

* 고흐의 그림 '밤의 카페'에 대해 고흐가 동생 테오에게 보낸 편지 중에서

초록절벽에 서면

백운산 휴양림에 들어서면
만장(萬丈)이 넘는 초록 절벽이다
비장한 결심도 없는데
숨이 턱 막히고
저절로 발끝이 모아진다

한 솥이면 도시를 절절 끓게 하던
땡볕이
소리 소문 없이 사라진다
별들의 블랙홀
초록 잎새마다
햇빛 시체가 눈부시다

바람이 스윽 비질하고 지나가면
살아남은 햇빛 몇 알 후두둑 떨어진다
풀이 푸른 팔을 뻗어
허겁지겁 먹는다

돌연 소나기 한 줄기 몰려온다
점자 읽듯
숲을 읽어가는
수만 개의 손
마음을 죄다 읽힌 나무들이 부르르 떤다

차마고도*

의사는 심장을, 망부는 눈을
난 속으로 그의 울음을 거둬간 순간이라고 했다
짤랑짤랑 햇살들이 그의
남은 습기를 거둬가고 있었다
습한 생각들도 서서히 거둬가고 있었다

젊은 후배의 상가에 다녀온다
차마고도[茶馬古道]의 마방처럼 살다 간
한 번 떠나면 한 달 두 달 말을 몰고
해발 몇 천 미터의 고개를 넘나들며
날마다 허공에 발자국을 새기던 마방
한 주먹의 곡식과 바람을 가릴 몇 벌 옷 위해

그의 정직은
이 낮고 따뜻한 세상에서는
차마고도의 마방들에게 수학과 경제학과 영업비밀을
폭로하는 것처럼
어처구니없이 취급 받았다는 것

몇 백 미터에서나 겨우 소통되는
낮고 비린 지식인들이 그를 비웃었다는 것

차마고도보다 더 멀고 외로운 산동네, 지하골방에서
그가 갔다
가는 길에
누구의 이름 한 번 불러주지도 않고
신음 한 모금 뱉지도 않고
평생을 걸었던 습성대로 뚜벅뚜벅
그래도 참 가벼이 갔다
이 도시에서 이륙을 시도했던 검독수리 같던 그를
그곳에서 온 시퍼런 바람이 거두어 갔다

* 차마고도 [茶馬古道] : 차(茶)와 말을 교역하던 중국의 서남부 윈난성[雲南省] · 쓰촨성[四川省]에서 티베트를 넘어 네팔 · 인도까지 이어지는 육상 무역로이다. 윈난성 · 쓰촨성의 차와 티베트의 말을 교환했다고 하여 차마고도(茶馬古道)라는 이름이 붙었다

화장(花葬)

희디 흰 배꽃이 지는데
어쩌라고 국어사전을 뒤척이고 싶어지는 것이냐
화장(火葬)이란 말 대신
화장(花葬)이란 말이 자꾸 쓰고 싶어지는 것이냐
꽃불이 뉘 몸에 옮겨 붙어야 잉걸불이 되는 것처럼
그전에는
그냥 花葬이라 말하자

저년
미쳤지
그리 하얀 소복을 입고
저리 아무데나 분분히 날리다니
제 몸에 활활거리는 꽃불의 열기 어쩌라고

몰래 지켜보는
花葬

난 하나님의 흰 발을 사랑했네

먹장구름 낀 어느 날
불쑥 내밀어 보여준 그 흰 발
그 발에 키스하고
하늘 가고 싶었네
꽃이 지던 날에는
花葬 당하고 싶었네

X-Ray 앞에서

펴내지도 못하고
층층이 가슴 켠에 쌓아둔
십 년 외사랑도
기계가 바라보면 도려내야 할 종양이래요

내일은 들켜버려야지
참는 것도 끝이 있는 법
만지면 화들짝 놀라는 척 부서질 준비가 되어 있어야지

하루를 기다리면
하루만큼 그대와의 간격이 줄어드는 것
들키기 전에
폭발해버릴 준비로 온 몸이 달떠서
아파할 겨를도 없었는데

하늘에게도 아니고
바다에게도 아니고
그대에게는 더욱 아니고

X-Ray

무색 무취의 빛에게 들켜버릴 줄이야

터지기도 전에 내 사랑 도려내야 할 줄이야

시외버스 터미널에서

버스들은 각자 다른 길을 데리고 모입니다
암을 이길 마지막 희망으로 기도원에 드는 당신
차창에 반명함판 사진처럼 보이는 당신에게
말도 못하고 손만 슬쩍 들었습니다
버스가 덜덜 떨기 시작합니다
배웅 나갔던 길은 눈앞에서 끊어집니다
길을 잃은 검은 바퀴들이 구르기 시작합니다 몸 안에서
불현듯 스쿼드자국이 돋아납니다
왼종일 고달팠던 해는
두 눈을 치뜨고 봐도 눈부시지 않을 만큼
유리창에 기대어 허기를 달랩니다
대합실은 여전히 붐비고 어묵 국물이 끓고
몇몇은 아무렇지도 않습니다

아무에게도 보여주지 않은 깊고 검은 구멍 한 채쯤
내 몸 안에 숨어 사는 듯
바람이 지날 때 휘파람 소리가 납니다
터미널 입구

마른 나물을 다독이는 촌부의 손이 사막입니다
두통의 무게를 가늠하던 약국 간판이 기우뚱합니다
지금 마주친 길을 어느 생에서 다시 만날지
어둑어둑해지는
사거리 신호등을 막막하게 바라봅니다

벚꽃이 보고 있다

물기 묻은 창문 설핏 열어 언제 웃을 것인지 지켜보는데
봄비가 슬며시 꽃술 적셔버리지 뭐예요
옆집 늦둥이 꼬마 녀석
금방 나온 햇살마냥 폴짝 폴짝 뛰어서
제 몸 다 거둬들이지 못한 빗방울을
털어내는 거예요
꽃잎은
아마 간지러웠을 거예요
아마 참기도 쉽지 않았을 거예요
여리고 수줍어 보이던 한 녀석 못 참아 웃음 터지고
그 놈, 바로 옆에 놈, 그 옆에 놈이 연달아 웃더니
한나절이 지나지 않아 천지가 하얗게 웃고 있는데
정작 웃음을 만들었던 아이는 깜박 졸다 깨어나
눈이 왔다고 좋아서 뛰는 거예요
그 웃음들 제 녀석이 터트리고 천연덕스럽게
꿈밭 걷다 와서

그런데 얼굴이 화끈거려 오는 거예요

영문도 모르고 한참을 걱정하는데 글쎄
태어나 지은 죄 모두가 생각날 만큼
천 개 만 개
그 많은 눈들이 나를 보고 있잖아요

그 집

벌써 삼십 년인데
좀 낡고 허술해 보였지만
그래도 늠름하고 어엿하던 모습
아직 그대로 보였습니다

그 집의 주인이었던
늘 높고 외롭고 쓸쓸했던 당신
오래전 그 집을 떠났다는 말
풍문으로 들었는데

그날 보니 내가 몰래 편지 묻어둔
마당 한켠의 큰 돌 그대로 있었습니다
누군가 몇 번은 옮겼을 법도 한데
이 세월 다 지치도록 옮겨가지 못한
내 마음 아는지

꽃문

신용카드를 발급받고 나서야 나는 당신에게 증명되었다
현금 자동인출기 앞에서 나는 확인되었다
비밀번호를 치고 매출전표에 고맙다고
사인을 하자 거래는 비로소 성사되었다
사랑, 사만 오천 구백 원어치 구입 완료

그 순간 막
십년 된 자동차가 폐차장으로 들어서고 있었다
포탄이 적진으로 뛰어들고 있었다
불이 잘 마른 낙엽에게 건너가고 있었다
꽃이 허공을 열고 나비에게 날아가고 있었다

2부

햇빛 낚시

모니터가 새마을 전기처럼 자주 깜빡이다
하얗게 먹먹해지는 것을 백화 현상이라고 한다
A/S 맨은 쓰다가 버리라고 한다
버리라고?
그 말의 뒤켠 그의 머릿결이 유난히 희다

모니터엔 물무늬가 자랐나보다
그 물무늬의 파장은 오랜 세월동안
책상 모서리를 조금씩 둥글게 하기도 하고
결재 문서의 뾰족한 말을 다듬기도 했는데

입사 이십이 년 만에 십오 층 건물 절반까지 오른 그가
볕 좋은 자리를 골라 햇빛 한 줄기 걸어 낚시를 한다
눈치로 만든 그의 찌는 닳아질 대로 닳아져서
수심도 잊고
그는 찌보다는
길을 흘러가는 차의 지붕을 한 장씩 넘기기도 하고
빌딩 아랫도리를 훑어보는 것에 더 익숙해졌다

이쁜 암고양이를 두고 앙앙거리는
늙은 고양이의 출몰을 기록하며
아련하게 잠기는 그믐달을 끼워
어둡고 슬픈 울음을 유혹한다
결국 그가 그 낚시를 물고 말 것이라는 것을
알고 있으면서도

반성

느닷없이 경찰관의 호각 소리가 들려온다

모두들

멈추고

일제히

제 안에 숨겨둔 죄 하나씩 꺼내어 반성을 한다

보리밭, 당신

문득 안부가 그리울 때면 텔레비전 화면으로 찾아오는 당신, 잘 계셨나요? 모내기도 끝나고 황톳물 축축한 논배미마다 장난처럼 거미줄 걸쳐놓고 떠나시던 날 아득아득 따라나서던 길이 지쳐 산으로 숨어들고 고무신 바닥도 다 닳아버리고 소금쟁이처럼 맹글맹글 돌고 도는 텔레비전 재방송처럼 새 날만 자꾸자꾸 오고 그 푸르고 넘실대던 보리밭 고랑에서 밑도 끝도 천정도 없이 자꾸 넘어지고 넘어지고 일어서도 다리가 짧아서 넘어져 있는 줄 알고 뻐꾸기 울음이 간지럽게 발바닥을 긁어대면 오릇오릇 소름처럼 그리움이 돋아나서 하마터면 울 뻔 했어요 당신은 공장으로 떠나면서 고향을 지켜달라 했어요 70년대처럼. 큭큭큭 우습지요 어차피 당신이 돌아올 고향은 진즉 부패해서 수감되었는데요 당신은 꼭 들어야 해요 회관 모퉁이 스피커에서 나오는 뻐꾸기 울음과 서울 공장에서 부쳐온 된장을 장독에 다져 넣는 손 사이 기호 1번과 2번이 있다는 것을 알아야 해요

머슴부처*

일어나면 미륵 세상 온다는 운주사 와불 보러 가는 길에
엉거주춤 서서 떨고 있는 머슴부처님
맨머리가 너무 추워 보이는데
푸들푸들한 빵모자라도 씌워줄까요?

겨울 산을 넘던 해가 눈을 맞춰주면
하루 한 번쯤 눈에 핏발도 세워 보지만
그것도 다,
도(道)가 먼지로 쌓이는 수행일 뿐
그 모양새를 지켜보던 구름이 혀를
쑤욱 내미는 사이
아뿔싸, 벌써 천 년쯤 지났는가?

머슴이라니요 부처면 그냥 부처지
머슴부처라니요
위엄이라고는 털끝만큼도 없는
고뇌라고는 주름 한 겹도 없는

눈이 발목 빠지게 내려
길을 끊는 겨울밤
털래털래 내려서는 마을길
벗어둘 신발도 없어
걸어둘 모자도 없어
빈 몸으로 멋쩍게 돌아오는
사람도 아닌
부처도 아닌

* 전남 화순 운주사 내에 있음

신호

광양항 컨테이너 부두, 하역 노동자 김씨
크레인 신호수 이십 년에 남은 것은
목쉰 호루라기와 갯바람에 금이 가기 시작한 손가락
그러나 같이 나이 들어가는 호루라기 소리에도
이십 톤 컨테이너 박스는 벌떡 일어나
서둘러 새 집으로 떠나고
그렇듯 그의 오 남매도 김씨의 숙련된 신호를 보고
거뜬히 자랐다

광양항 통제실, 컴퓨터 운전자 김씨의 아들
가진 것, 하얗고 가느다란 손가락
한 번의 손놀림으로 백만 개의 신호를 날리지만
같이 벌어야 먹고사는 아내와는 통화 두절
하나뿐인 아들과는 신호 체계가 달라서
통제 불능 상태다

위치 자동인식센서에게 밀려나기 시작한 김씨의 신호는
어느덧 아들에게도 손자에게도

불통의 날이 더 많아지고, 그때마다
김씨를 데리고 귀가하던 술
술 취한 날들의 디지털 신호들은 더욱 분간이 어려워
거대한 차의 물결이 밀려드는 신호의 바다 같은
횡단보도 앞에서 휘청거리던 김씨
새로 발견된 바이러스로 오인된 김씨는
신호 밖으로 끌려가고

신호등은 두 개의 신호만으로 완벽하게 길을 정리하고
경찰관에게 남은 일은 딱지 발급
살아생전 처음 법을 위반한 김씨는 호주머니의
호루라기만 만지작거렸다
신호체계가 다른 아들은 그런 사실을 전혀 몰랐다
십 년 넘게 소식을 끊은 서울 사는 누이도
여전히 살이 쪘다는 소문이 들려오지만 확인되지 않은
사실은 묵과되었다

살구나무

땡땡
끝종은
운동장으로 아이들을 쏟아낸다
빈자리 곰살맞게 졸던
봄 햇살 깜짝 놀라 비낀다

나이 들어 품은 연심이 주책없다고
그래도 몰래 푸른 물 끌어당기던
교문 옆 늙은 살구나무
이때다 싶어
연홍의 꽃불 펑펑 터트린다
터진 꽃가루 타고 아이들 웃음
담을 넘어 도망간다
공부하기 싫어서 더 멀리 도망간다
햇살이 바퀴를 굴리며 숨가쁘게 좇아간다

정년 일 년 남은 담임 선생님
낡은 교실 창에 기대어

햇살에 묻은 졸음 툭툭 털어내며
살구나무가 된 듯 괜스레 우쭐거린다
봄이 황톳빛 운동장 가득 환하게 웃고 있다

또, 봄

손바닥의 알싸한 회초리처럼
또, 봄이면
매번 써보는 이름

뻔뻔하게 늙을 줄도 모르고
싱건지게 웃기나 하는

지가
꽃인 줄 아나봐

십년을 피어도
주름 한 점 없는
꽃인 줄 아나봐

그네가

들창에 꽃물이 들어
꽃이 그네를 입었다

그네도 꽃을 입었다

그렇게 세월의 문이
열렸다가
닫혔다가

그러는 거기 거기
토방 마루
십수 년이 지나도록 몸을 꼿꼿이 세우고 앉아있다
그네는

지금도
난 몹쓸 병에 걸린 것처럼
도무지 다가갈 수가 없고

설계사 B씨

직선을 긋던 자가 허리에 생긴 흠에 움찔한다
직선도 움찔한다
'집 한 채도 점 하나로 무너지는 거여'
혼잣말이 자꾸 그어져
B씨는 제도용지를 구겨 버린다

직선 하나의 차이였을 것이다
화가에서 설계사로 방향을 바꾼 B씨
날마다 집을 그린다
선을 그을 때마다 반듯반듯한 기둥이 일어선다
도형자가 그리는 곡선은
직선보다 더 반듯해서 싫다
여문 사과 한 알과도 친분을 쌓지 못한
유년의 기억 탓인지 곡선은 잘 그리지 않는다

쪽창 너머 골목 작은 웅덩이에 B씨의 얼굴이 비친다
웅덩이를 지나던 여자가 얼굴을 밟고 간다

흙탕물이 튀자 B씨의 눈이 그녀의 종아리에 붙는다
곡선이다
밤새 B씨의 상상이 그리던 선이
창가 화분의 나팔꽃에게서 구부러진다
꼬인 철사를 따라 나팔꽃이 허공을 오른다
상상만으로 몸이 바짝 달아오른다
구부러진 길, 천천히 그녀를 오르면서 잠들고
지우고 새로 그리고 수없이 곡선이 수면에 번질 것이다
밤은 더 멀리 돌아서 아침이 될 것이다

화분이 있던 자리에 컴퓨터를 놓자고 사장은 재촉한다

산 5번지 가는 길

이야기가 고여 있을 것 같은 우물은 쓰레기가 가득하다
아이가 집으로 가는 산동네 골목
머릿결만 쓸어도 상대의 눈썹을 건드리는 낮은 처마가
잘 마른 연탄이 데운 온기를 지킨다
아이를 앞서 가던 바람이 똑똑 문 두드려 부르면
발자국 소리에 귀 적시던 어린 눈들이
감꽃처럼 창문에 핀다

까만 비닐봉지가 일어나자 엉덩이 자국만큼의
습기가 축축하다
이 동네에서는 눈물은 보이지 않는 곳에 둔다
블록담 터진 구멍으로 오후 햇살이 들랑거린다
금방 말라서
다행이다
시궁쥐도 들랑거린다
먹고 남아
참 다행이다

오후 햇살처럼 아이가 또르르 말려들어 가는 방은
물이 찰박이던 옛 우물의 깊이만큼
멀고 어둡다
할머니는 엉덩이로 걸어와 맞아준다
지붕 위를 지나는 고압 전선이 웅웅거린다
이럴 때 아이는
거칠고 몽둥이 잘 휘두르는 애비라도 있어
이 침묵을 두들겨 패주었으면 한다

담쟁이 감옥

S를 버리고
군내버스도 저물녘 길도 황급하게 떠난다

동네 개들이 일제히 어둠을 짖어댄다

X 방향 빨랫줄에서 보푸라기 인 낡은 블라우스가
입을 가리고 킥킥 웃는다

담쟁이덩굴이 ㄷ자 벽을 오르는 J의 집 앞, J는 없다

S는 멈춘다 저 세상 벽으로 기어올랐을 J
J의 그 속 담쟁이덩굴은 무럭무럭 자란다

담쟁이덩굴이 J의 살로 이루어졌다는 생각이
사랑하는 척, 딱 달라붙어
세상으로 흘러나오고 있다
J를 평생 묶었던 몸 안의 밧줄들

걱정 말게 친구
S는 휴대전화를 꺼내 문자를 넣는다

개들이 부재중 전화 안내문처럼 날뛴다

새벽 세 시에서 네 시 사이

새벽 세 시에서 네 시로 가는 길
시간의 뼈와 뼈 사이
아무래도 직선은 나오지 않을 것 같은 공간으로
달이 몰래 졌다
달이 지길 기다리던 누군가가
슬쩍 집으로 가는 길을
버렸다

돌아갈 길을 잃은 취객이 토한다
토한 음식물 위로 개미들이 새 길을 낸다
뭉쳐있던 것들이 두 패로 갈라서서
마주보고 욕을 한다
잡풀들이 달려들어 삿대질을 한다

잠들기를 기다리다 싸움을 거는 저 집요한 생명들마저
잠이 든
세 시가 네 시에게 다 갔을 즈음에는
없다

깜깜하다
생각이 한 잎 돋아나거나
돌멩이 하나 옮겨놓듯 누가 슬쩍 이승에서
저승으로 옮겨가도
모른다

처음이다

탈락자

병뚜껑이 열렸다
참고 있었던 한숨이 터져 나왔다
氏는 한숨을 통째로 들고 마셨다

기침 소리가 짐승의 울음처럼 발톱을 세우던 날
氏의 부인은 자전거를 타고 저 세상으로 갔다

氏는 벙어리라 불렸다
단지 약속한 소리를 내지 못해
고장 난 바이올린이나 소수점 아래 버려진 숫자
취급을 당했다

어제 온 氏를 기억 못 하는 식당 주인처럼
氏는 키운 돼지를 기억 못 하고
삼겹살이 익어갈수록
氏는 자전거가 배우고 싶었다

불빛이 반사되는 창문에 수염 난 아이가

울고 있다
氏는 빈 소주병처럼 발견되어
한시바삐 쫓겨나기를
기다린다

초승달

소아병동에서
마지막일 것 같은 숨을
내쉬는
아이

쪽창에 초승달이 떠서 같이 간다

갈수록 더 깊고 먼 밤일뿐인데
안 가본 길이라
서럽기만 한
초저녁 여덟 시 오 분

누이의 눈썹 버려진
세면대에서
흐흐 웃고 있는
그림자

사월

막 초경을 했을까 하는
큰 딸아이 냄새 같은 것을
바람은 들길에 깔았다

찔러보렴
들찔레 덤불에 굴러보는
산 다람쥐 등에
가시 대신 풀 비린내가 박혔다

웃지 마라
너도
사월에는
뉘 가슴에 풀 비린내만 가득 박아대는
풋사랑이었지 않은가

해장국집 앞의 사건 기록

할매집의 딱딱하고 굳은살이 박힌 문짝이
요란한 소리로 손님을 꺼내고 집어넣는다
상처를 덧내려는 듯
까만 비닐봉지가 고양이 발톱에
제 몸을 긋는다

공장에서 잘 익은 비계 구름이
뚝배기에 떠다닌다
이 동네에서는
떠나는 거야 공공연한 비밀이기에
소금과 고춧가루도
늘 젖은 입구로 나오려고 서성인다
끝이 검어진 형광등이 알아보고 눈을 깜박여준다

12월 13일 5시 59분 자, 지금이야
공장이 보낸 안개가 연탄가스처럼 길로 스민다
고양이가 힘차게 내달렸다
차도 힘차게 달렸다

잠시 후 안테나 선이 끊긴 것처럼 치지직
고양이 몸이 아스팔트에 찍힌다
차는 곧 안개에게 먹힌다

놀란 가슴이 엉겁결에 묵은 된장에 풋고추를 찍어먹고
공장으로 돌아가 더 맵고 단단한 놈을 위하여
하며
검자 마크를 꽝 찍어 새 고양이를 뽑아낸다

꽃이 왔습니다

언 땅이 꿈틀거리고
뭐라고 뭐라고 하는 것 같더니

새끼발가락 틈새가 움찔거리고
발가락 몇몇이 찌릿찌릿 했습니다

거기가 뜨금뜨금해지고
온몸이 확확 댔습니다.

뭐라고 쓸 수도 없었습니다
고개 드니 천지가 꽃이었으니까

3부

기차표를 사야겠다

경전선 옥곡역
기차가 들어오려면 서너 시간은 더 기다려야 한다
철로는 여전히 잘 있다
차표도 사지 않고 두리번거리는
나의 수상함을 간파하기 위해
역무원은 눈을 놓은 듯 놓지 않는다
은행나무는 바람결에 엽서를 보낸다
읽기도 전에 뒤집어 버린다
떠오르던 기억이 따라서 뒤집어진다
오래전에 보았던 쓰레기통도 잘 있다
쓰레기도 몇 년째 썩지 못하고 있다
눈물로 수분을 채워주고 싶지만
슬픈 일이 생각나지 않는다

자판기는 동전만 먹고 커피를 주지 않았다
창구는 입을 벌려 행선지를 자꾸 물어왔다
어디로 떠날 작정도 할 수 없었기에
여전히 기다려야 했고

기차는 사람 대신 고요 한 짐이 모여 기다리고 있다

들길은 철길을 건너서도 벌판을 무뚝뚝하게 걸어가고
이장집 늙은 개는 사력을 다해 나를 밀어내는데
저 울음을 감당할 수 있는 날이 오면
동네 어귀 세든 방을 내놓아야겠다
편지를 써야겠다
기차표도 사야겠다

가을 푸가

우리는 공중에 무덤을 판다. 거기서는 사람이 간히지 않는다*

늦가을 산길에서 만난 철쭉을 보니 반갑기도 하고
측은하기도 해서 떨어지기 전에
여기에서 저기까지는 비었다고
말해준다는 걸
잊었다
소리도 머물지 못한다고
새의 발자국도 견디지 못한다고
저 빌어먹을 가을 하늘은
그냥 놓아주기만 한다고

이름 한 번 불러 주는 일도 없다고
꽃이라고 봐주는 법도 없다고
하늬바람이 목을 치면
하늘은 잡았던 손을 놓는다고
그래서

저 시퍼런 하늘 밑은
정말 위험하다고

그냥 지독하게 쓸쓸하거든
나
낙엽이요 하고 떨어지라고
말해준다는 걸
잊었다

가을이었으니까
나도
떨어지는 중이었으니까

* 파울 첼란의 시 「죽음의 푸가」에서 빌려옴.

사랑이 소금처럼 하얗네

지금 돌아보니 참 어이없네 그것이 펄펄 끓었다 식은 물처럼 맹맹하네 내겐 첫사랑이라고 부를 이름이 없었네 사랑보다는 돈이라고 말하며 세상으로 나가는 문을 열고 달아난 여자도 없었네 아니 처음부터 여자가 없었네 없었으므로 사랑도 배반도 없었네 물 빠진 갯벌에 남은 소금처럼 짜디짠 기억만 있네 갯바람이 그 안을 휘휘 마당 쓸듯 지나가네.

길고 긴 외사랑이 소금처럼
하얗네
하얗네

국화 화분

아파트 베란다에서 국화 화분에 물을 주던
여자가 투덜거린다
들국화라도 보고 오던 날에는
화분을 통째로 던져버릴 기세다
햇빛의 머리채도 끌어줄 수 있다는 듯
베란다 유리창을 더 큰 것으로 바꾼 올해도
국화는 하얀 잇몸 드러내 고르게 웃지 못했다
농축 영양제에
유리창이 걸러주는 잡티가 묻지 않는 햇빛
사람이 먹어도 탈나지 않는
깨끗한 수돗물 꼬박 꼬박 받아먹고
왜 그깟 꽃 하나 못 피우냐고
아무래도 품종을 바꾸고 싶어 하겠지
학원에서 과외로 바꿔도
성적이 오르지 않는 그 집 아들처럼

김양

의자 비었다고 아무 때나 오시면 안 됩니다

성을 바꾸고 숨었다고 아무렇게나 불러도 안됩니다

입술 한 장씩 한 장씩 뜯어 먹으려 하지 마세요

나, 이래봬도 달빛 다방 사루비아예요

봄, 봄

귀를 세우면
갸르륵 갸르륵 늙은 시궁쥐의 마른 숨소리가 들렸다

거리에는 라면 봉지가 늘어났다
창문 열고 버려도 춥지 않다

지나던 아줌마가 방귀를 뀌었다
먹을 것도 많아졌다

가로수 꽃눈이 툭툭 불거지며 인사를 했다
아저씨는 대낮에도 조느라고 인사를 받지 못했다

어젯밤에는 죽은 아비가 꿈에 나타나고
오늘은 땅이 몸을 비튼다

분신(焚身)

섬진강 화개장터 입구
모닥불이 타고 있다
밤 열 시를 지난 늦은 시간
열 살은 넘어 보이는 두 녀석
불장난에 흠뻑 빠져 있다
연기가 휘몰아 다니며
아이들을 밀어내도
찔끔찔끔 눈물 훔치며
바람 막아주는 아이들

아이들보다 더 홍이 나서
타닥타닥 지들끼리 종아리를 치면서
타는 잔가지들
재만 남을 것을 알면서도
분신 공양하는 자작나무

그 불길에 맞은 내 종아리만 아리다

전봇대가 있는 풍경

전봇대가 방을 세놓았다
전세방 있음 사글세도 가능

일자리도 구한다
사지육신 멀쩡하고 배울 데까지 배웠음
비정규직도 가능

살림을 넣을 수납장도 필요하다
쓰레기 잔뜩 먹은 비닐봉지, 찢어진 가방
노래가 다 풀려나온 카세트 테이프

방을 보러 오는 것인가?
꼼지락 꼼지락 아스팔트를 기어오는 지렁이
육액이 만든 길로 아침 해가 지난다

안개 혹은 칼

–'불확정성 원리'*를 위하여

어둠이 물러서자 산동네는 정액이 질펀한 자궁에 갇히고 칼은 안개를 찌른다
지금 어디를 가도 안개는 없고 어디를 가도 안개뿐이다
강물은 세시 방향으로 흐르는데 네비게이션은 열 시 방향으로 가라고 한다

아이가 생기지 않는 누명을 다 뒤집어 쓴 해킹피씨방과 태원여관 사이에 끼어 있는 콘돔 자동판매기는
억울하다
뚜벅뚜벅 걷던 황소가 홀레붙은 개의 엉덩이를 부럽게 본다
황소가 말했다
'개는 다산(多産)이야'
바람에 떠오르던 비닐봉지가 성욕을 느끼는지 속을 훌러덩 뒤집어 보인다

주인 떠난 지 오래된 집, 빈 독에 별이 가득 잠겼다
독이 별을 임신했다고 배를 내밀며 말한다

'넌 독 안에 든 별이야'

물 속에서 별떼가 된 별이 엥엥거린다

* 하이젠베르크(Werner Heisenberg)의 '불확정성의 원리' : 전자(電子)에 대한 위치를 확정 지으려고 하면 할수록 전자는 다른 궤도로 이탈하여 전자의 위치가 더욱 불확정적이 된다는 원리. 또 관찰이 개입되는 한 인간이 미지세계의 운동을 정확하게 알아낼 수 없다는 뜻이기도 하다

눈이 내리고

간이역으로 화물기차가 성큼성큼 걸어와
크고 힘찬 손으로 솥뚜껑 열듯 앞뒷문 다 열고
희고 푸르스름한 실연기 같은 밤안개를 푸는데
그 옆 역사에서는 그런 세월을 바닥에 깔고
쉰 넘은 초등학교 동창 여남은 명이
둘러앉아 술을 푸는데

미자 신랑은 지방법원 판사고
숙자 신랑은 경찰서장이라고
그런데 저, 지랄 같은 놈 성관이는
그해 봄 어딘가에 잡혀갔다가 온 뒤로는
저렇게 한쪽 손을 떨며
강을 건너는 널빤지 기우뚱거리듯 살아왔다는데

동창회 따위는 정말 안 오겠다는
그놈
오늘은 홀로 역사를 지키는 폐기차처럼 앉아
술을 푸는데

노가다 십장 팔만이도
억지로 끌려온 소처럼 그 옆에 앉아
죽어라 술이나 푸는데
숙자도 미자도
우리반 반장 성관이 성관이 하며 술이나 푸는데

어느새 간이역에 눈이 그네들 나이만큼 쌓이고
초저녁에 취해 잠들었던 미연이
어느 틈에 깨어 놀란 토끼처럼
어머 어머 눈이 왔네 세상이 바뀌었네 딴세상이네
하고 있고
산지기 아들 간이역장 영식이만
말짱해서 지켜보고

가을의 한가운데

저장하시겠습니까
아니오
엔터
휴지통에 버려졌다

잊혀졌다
방치되었다
늙은 여우처럼 가을햇살은 호화롭지만
연탄처럼 천천히 마를 것이다
처음부터 시작하지 않는 한
눈물은 없다
기다리지 마라 새야

전봇대를 사이에 두고
전깃줄은 허공에 빗금을 치고 그물이라 명명했다
새는 날개를 풀었다
자유를 저당 잡은 허공은 새를 가두었다

자유가 없는 나는
물 묻은 건전지처럼 방전되며 그냥 버려졌다
떨어지고 있다
옆을 스치며 더 빠르게 떨어지는 나뭇잎에게 물었다
여기가 어디쯤이오?
가을의 한가운데요
봄으로 가려는데?
그냥 떨어지시오

몸 시

(입으로)
'빗방울' 하고 뱉어보니 온 몸의 습기들이
내리는 빗방울에 묻어서 통통 튀어나고
'빗방울' 하고 입을 오므려보니
세상의 습기들 비구름 되어 내 몸에 안겨들고

(가슴으로)
먹장구름 한 장 오려 목에 붙이면
금세 가슴엔 쏴쏴 소나기 내리긋고
빗물 받아먹은 가슴
아이 입에 뚝뚝 떨구고

(발바닥으로)
만보기를 허리에 매고 걷는다
밥을 찾는 걸음이지만
허리에 매달린 녀석 때문에
운동이 되었으면

(엉덩이로)

배고픔을 한 나절쯤
엉덩이로 깔아뭉개다 보면
사랑도 미움도
좌판에 올려두고
팔아버릴 수 있다지만

11월 30일

누가 자꾸 버리고 가는지
누가 자꾸 물어뜯는지
하늘은 너덜너덜하다
그래도 누구는 자꾸 뭉게구름을 덧대어 꿰매고 있다
찰랑찰랑 가득 찬 울음이
후드득 콩알처럼 튀어나갈 것 같다

아무나
아무 마음이나 기웃거렸어도
비어 보이지 않았는데
딱 하룻밤 지나자
떠나버린 마음이 남았다
슬며시 돌멩이 하나 들어 옮기듯
저 세상으로 옮겨도
기억 못 하는 얼굴도 남았다

달이 빌딩의 겨드랑이 사이에 끼었다
바람은 나뭇가지에 걸렸다

찢어진 비닐이 허공을 움켜쥐었다

저 묵묵한 생각을 칼로 오려내면
달이 차오른다
달이 차면
하늘은 생리를 한다
누군가는 꼭 아프다

쇠꽃

아시나요?
터미네이터를 죽인 것은 포탄도 칼도 전기도 아닌
쇠꽃이 피어나던 용광로였던 것을

아니야, 절대 아니야,
죽더라도 곱게 썩어간다면
온전하게 나를 버릴 수 없는 거야
이승의 기억이 피톨에 섞여 나를 기억하게 할지도 몰라
터미네이터처럼 완벽하게 죽고
완벽하게 다시 태어나는 거야

쇠꽃으로 피고 싶어
향기도 색깔도 없이 환하게 한 번 피었다가
까맣게 단번에 시들어서 죽은 듯 살아있는 듯
아무도 모르는 쇠꽃으로 피고 싶어

사실일지 모르지만
천 년 전 에밀레종 끓는 쇳물 속에서 피었던 사람

천 년을 구성지게 운다고 하더군요
천 년 전이야 모르지만
어느 날 그곳으로 뛰어드는 사내를 보았지요
보지 않았다면 단지 실종으로 처리될 만큼
완벽하게 아무런 흔적도 남지 않았어요

나비라던가 꽃이라던가
이런 것으로라도 태어나고 싶었다면
그냥 늙은 정자나무 가지에 목을 걸었겠지요
몸도 나누어서 혹은
다시 엉켜서 태어나고 싶지 않았던 것이겠지요
딱 한 번 불보다 뜨겁게 피었다가
까만 쇠로
듣지도 보지도 느끼지도 않고 살아가고 싶었을 거예요

생각의 끝이 남은 사람들은 갈 수 없는 곳
그곳이 쇠꽃이 피는 세상이라네요

로그인

유리창을 넘을 땐 햇살도 짐승처럼 결박당하지
氏가 XXXX호로 로그인했다

입주하는 氏에게 반장이 몇 가지 주의를 준다
살아 있는 것들은 벌레를 품고 오는 법
로그인하려거든 모두 삭제 하세요, 그리고
명령이 뜨는 대로 따라서 움직이세요
상대에 대해 알려고 하지 마세요
아는 사실은 빨리 소문내세요
이 동네에서는 소문만이 가장 믿음직한 소식입니다
새로운 소문이 필요할 때는
몇 개의 소문을 퍼즐처럼 맞추면 된답니다
단, 완벽하지 않을 때는 침묵하세요

무리를 초대할 때는
바흐와 잘 구워진 쿠키를 준비하세요
누군가 바흐에 대해 말하려고 하거든
바삭바삭 쿠키를 씹으면서 음계를 벗어나세요

몇 가지 부호가 겹쳐지면서
화제는 점점 아리송해질 거예요
어쩌면 당신은 그쯤에서 함정에 빠질지 몰라요
하지만 긴장은 절대 사절입니다
에둘러 와도 답은 '0'과 '1'일 뿐이에요
먼저 정중하게 답을 양보하고
맞장구만 치면 되는 걸요
당신의 신분을 숨겨줄 붉은 물고기의 뼈와
지난 시간을 가려줄 벽시계와
상큼한 레몬 한 조각을 넣어
잘 갈아 후식도 준비하세요
코스가 무사하게 통과되면
氏도 정회원입니다

용접공

가령 말이죠
붙일 면과 붙을 면을 구별하기 어려울 때
나는 가(假)용접과 진(眞)용접을 구분해서
배운 대로 하려고 할 때
조장은 자꾸 시간으로 윽박지를 때
나는 속으로 은근슬쩍 버티면서
시간만 가면 일당이 나온다고
비웃을 때

늙은 매화나무도 꽃을 피우는 뻔뻔한 봄날
살점이 뚝 떨어져 나가 입원 했는데
하필 손을 다쳐 떠먹여 주는 밥도 먹어 보았는데
그게 호사가 아니라는 걸 금방 알았어
외출하는 아내를 위해 밤새 자고 낮에도 자야 했고
아
아
그 슬픔이란
그 배짱이란

의사도 같은 용접쟁이였지
노련하게 다른 살점을 떼다가 덧대기 용접을 하더니만
그냥 누워 있으래
쇠가 식으면서 변태점을 지날 때까지는
여유가 있었던 것처럼

여유롭게 비스킷을 씹기도 하고
립싱크 원반이 빙글빙글 도는 텔레비전을 보기도 하며
가끔 지난여름 숲길에서 받아 적은
멧새 울음을 꺼내 듣기도 했지
외출할 때는 개나리꽃처럼 화사해지는 아내 대신
질탕하게 쏟아지는 햇살 끌어안고 바람씨처럼 가볍게
잠에 빠지곤 했어

그게 말이지 그때 찾아오더라고
나 같은 천생 무식 용접쟁이가 뭐가 뭔지 잘 모르지만
아내가 외출 하자

난 꿈속을 날았거든
곧 우주 공간 한 좌표상에 도달했지
검고 푸른빛이 끊임없이 태어나고 소멸하는 곳
시간은 무한정으로 흐르지만
끝없는 추락에도 공간은 전혀 바뀌지 않고
중량도 색도 성분도 불필요한 곳

(우주 임의의 지점에 별이 존재하고 그 별을 꿈이라 합시다 또 별에서 그은 임의의 선이 다른 한 별을 지나 나에게 이르는 도형을 n각형이라고 가정할 때 그 벡터의 궤적을 이용해서 꿈의 크기와 방향을 가늠해봅시다)

나는 존재가 아니었어
삼각형을 닫기 전의 모습처럼
서로 다른 두 개의 선은 끝없이 달리기만 하는
힘일 뿐이었지
문득 멈추고 싶었어
손을 내밀어 잡아달라고 했지

아무도 없었어
꿈을 잡으면 손가락 사이 물처럼 빠져 나가더군

외출에서 돌아온 아내가 깨웠어
삼겹살처럼 잘 익은 시간이
막 노을을 건너려고 노릿노릿해 지던 참이었지
때마침 초저녁 유성우가 폭포처럼 쏟아졌어
그냥 용접 불꽃인데 아름답다고 했어

크으 그래 니들이야 용접을 해본 적이 있어야지
내가 보면 세상만사가 용접쟁이의 일상과
별반 다를 게 없는데
모르지 암만 모를 거야
누워있던 날의 일당도 다 쳐준다는 소식에
입만 벙글어지는 거지

괄호 밖에서 보는 풍경

타박타박 빗소리가 오후를 건습니다 건방지게 휘적휘적 걷기도 합니다

습기에 시간이 축축 늘어지자 망치소리가 뚝뚝 끊어 집 밖에 뱉어놓습니다

끊어진 시간의 마디로 두 시의 데이트 라디오 방송이 신경통처럼 파고 듭니다

방송을 듣던 맨드라미 붉은 모가지가 물통에 톡 떨어졌습니다

물통이 피처럼 붉어지기를 기다리던 하늘이 질려서 멀리 달아났습니다

빗속에 널어둔 몸이 다 말랐다고 가져가라는 기별이 왔습니다

삶과 꿈의 저자가 죽었다는 기사가 빗물에 젖었습니다

고양이처럼

버스가 끊길 시간이 한참 지나서야
쓰레기통 근처에서 발견되었지
모두가 문을 잠그고 돌아갈 시간까지
그는 조마조마하게
역전이었거나 시장통 어디쯤에서
합격통지를 기다렸을 것이고

찌~익
나이프로 그어 버리고 싶었겠지만
심장 부위까지 덤비는 칼끝의 살기를
발끝에 모아
몇 발자국 더 걸어가며 간신히 참았을 거야

다 쓴 건전지처럼 쓰레기통 근처에 버려져
방전되고 있었지만
재활용 팻말을 보며 간신히 참았을 거야
야생을 품고서도
쓰레기통 뒤지는 고양이처럼

4부

앵남역

역이란 간판을 내리고도 달리 부를 이름이 없는
앵두나 살구가 익어도 풋손이 들지 않는
뻐꾸기나 지빠귀가 둥지를 틀고 싶어 하는
경전선 앵남역

호주머니 깊이 찔러둔 생각 같은 곳
거기 가면 까마득하게 잊었던 수학공식까지 생각나고
죽기 전에 꼭 다시 와야지 해놓고
못 오는 이승의 마지막 그리움 같이
해가 뜨고 지는 곳

빨리 지나는 이들에게는 보이지 않는
옆구리 상처 같이
잊히며 사라지며
기차가 다시 서지 않는다고
이름도 앵토라진
앵남역

만추

옥곡리 지나 신금리 못미쳐 버려진 집이 있다
주인이 떠난 지 삼년은 넘었을 것이다
지난 봄 텃밭 비닐하우스로 걸어 들어간 잡초들이
노랗게 잘 익었다
늙은 감나무 이파리는 허공에서 지워졌다

벗어둔 지게가 문지방을 지킨다
일을 내려둔 지 몇 년인데도
지게는 어깨끈이 너덜거린다
비우면서 지키는 생이 더 무거운 모양이다
황토벽도 외로웠는지 몸에다 풀을 키운다
제 몸에서 자란 풀들이 결국은 틈을 벌린다

잘 버티던 붉은 감이 떨어졌다
사납던 개가 집을 나가 돌아오지 않았다

와우마을 가는 길

늘푸른 교회 지나 희망 고물상 지나 와우마을 가는 길
노란 우의를 입은 노인
방동사니 뿌리처럼 앙상한 손가락으로
비를 심는다
심어진 놈보다는 버려진 놈이 훨씬 많은,
비씨들은 땅바닥으로 구르는데
데그르르 굴러 아무데나 부딪혀 깨지는데
아는지 모르는지
노인은 손을 멈추지 않았다
누군가에게 던져졌을 기억으로
누워있는 돌멩이 몇 개와
붉은 혀로 감았던 달콤쌉쌀했던 기억으로
오는 비를 다 맞고 있는 늙은 소가 있는 풍경 속
잦은 비에 쇠비름은 통통하게 살 오르고
바랭이는 헝클어진 생각처럼 무성하기만 한데
노인은 멈추지 않는다
호박꽃이 헤드라이트처럼 환한 밭두렁 따라가면
먼저 가신 할머니 묘 옆

가묘(假墓) 한 채 헛배 부른데
저리 열심히 비를 심다가
그 자리에 심어지고 싶은 게지
한 고개를 넘어서면 한 고개가 있다고 믿었던 날들에게
오늘은 꼭 해주고 싶은 말이 있었던 게지
당신에게 다가가던 길은
가도 가도 제자리걸음이었다고

구두에게 길을 묻다

터미널 화장실 버려진 신문의 사회면에서
부고를 확인하였다
흡사 폐건전지처럼 마지막 힘이 방전되던 너는
구두가 벗겨진 채로 물 밖으로 끌려나와
물고기처럼 잠시 파득거리며
회로 1과 회로 2 사이에서 발견되었다고 했다

따로 연락은 없었다
나를 아는 너는 이미 갔으므로
단지 난, 너의 마지막을 배웅하기 위해
숨이 막힐 때까지 구두끈을 조였다

광양 시립묘지, 새로 생긴 둥근 움막 앞에서
한 생을 내려놓듯 비장하고 엄숙하게
구두를 벗고
부드러운 황토로 너의 맨발을 덮으며
깊이 절을 올렸다

살아온 생이 늘 기우뚱해서
뒤축이 한쪽으로 몹시 닳아버린 구두를
불길에 함께 실어 보냈다
아우야, 너도 이젠 맨발
구두의 속박에서 벗어나
네 피가 흐르고 싶은 대로 갈 수 있겠지?

하늘과 땅이 전기회로처럼 단락되던 순간
지상의 모든 금지는 순간 멈추었고
그때 가벼이 너는 갔을 것이지만
지상은 오래도록
이곳의 법칙으로 슬퍼하고 눈물 흘리고
난 변함없이
익숙한 구두에게 길을 물어 돌아가는 중이다

떠 있는 도시에서

고향에서 캐온 소사나무 분재가
베란다 화분에서 말라가요
삐비꽃처럼 마르면서도
가지를 남쪽으로 걸어두었는데요
다음날 서너 해를 거르던
베고니아 꽃이 무성하게 피었어요
바람이 전하는 냄새가 잎맥을 파고들며
이었을 망향의 대물림
아내는 베고니아가 피어난 것은
정성을 다한 까닭이라 말하지만
아파트도, 203호로 불려지는 아내도,
화분에 심어진 나무도
그 뿌리는 모두 허공에 있는 것

아마 저녁햇살이 핏방울로 튀어오르던
벌판이었을 것이에요
하늬바람이 병든 승냥이처럼 울고
통로가 따로 없었던 거긴,

말갛게 속 비운 낮달이 늦은 오후 맞바람을 맞던 곳
그 자리에 집이 들어서고 사람들이 옮겨왔다지요

이젠 이 거리에서
압력밥솥이 새벽기차를 흉내 낼 뿐이지요
누군가 왔다 간 흔적들로
지친 통로는 늘 바람이 웅크리고 있지요
실어갈 울음이 없어 저리 하냥 기다리다
새벽 안개에 묻어 슬그머니 강으로 갈 거예요
어젯밤 우리가 잠드는 사이 기류 따라
도시는 옆으로 이동했으니까요
여기 사람들은 다 알아요
그러니 밤새
누군가는 허공에 나무를 심었겠지요

사루비아

쇠잔한 가을 햇살만으로 더 붉어질 수 없다면
불타버릴 것이지
우아하게 한 잎씩 떨어지던 여름꽃들
까맣고 당찬 새끼 줄줄이 낳아
자랑스러이 쪽빛 하늘과 마주서던 날
진저리치도록 도리질해도
범하고 또 범하던
넘치던 햇빛 아래 살던 꽃들이야
알기나 하겠니
먹고살기도 바빠 달빛 아래 숨어 다니다가
다 늦은 새벽에야
내 새끼 품고 싶은 욕망 지우지 못해
아비가 누군지도 모르는 씨앗 하나
제 몸 속에 숨긴
햇빛 다방 사루비아 꽃 이야기를

짧지만 누구보다 길게 돌아온 목숨
덥석 놓아버린 그 아침

사루비아도
모가지 잘려 통째로 툭 떨어지고
앓아누울 겨를도 없던 두 송이의 사연을
사람들이 알기는 하겠니
짧기만 한 가을 해는 금방 저무는데

고향 빈 집

말기 암 투병 중이신 어머니 가실 채비를 위해
고향 빈 집에 들렀다
주인 없는 안방,
벽시계는 어머니의 남은 시간을 걷고 있었다
영농조합 달력에 적어둔 큰아들 전화번호가
몰래 울었는지 뿌옇게 온 얼굴에 번져 있었다

비워둔 시간 동안
창호문 터진 틈으로 햇빛이 들랑거리며
습기를 말리고
거미는 세간과 세간을 오가며
어머니의 생애를 포장하고 있었다

금방이라도 불이 다시 들 것 같아
입 벌리고 기다리는 아궁이 막아놓고
개켜진 수의 챙겨 집을 나서는데
뒤안 습한 데서나 자라던
바랭이 명아주 달개비 애기똥풀

그 어린 잡풀들이 언제 알았는지
목울대까지 눈물 찰랑찰랑 채우며
앞마당까지 따라 나왔다

그래요 어머니
바람이든 나비가 되시든 뭐가 되시더라도
이 집 쉬이 드나드셔야지요
이승의 법 소용 있으리오만은
그래도 이 어수룩한 마음은
안방 자물통 슬쩍 풀어두고
텃밭 가는 길은 그만 지워지라고
까만 잔디씨 발로 툭툭 차서 씨 뿌리며
가시는 길 배웅하러 병원으로 갑니다

달팽이

하늘에서 땅까지 빗물이 키를 잰다
등이 굽은 달팽이가 오늘은 가장 크다

키를 다 잰 빗물이 아스팔트를 판다
달팽이도 묻히기엔 좁은 구멍
모르고 뛰어들던 고양이
승용차와 부딪혀 이승을 뜬다

뒤늦게 하늘이 포장을 걷고
알몸의 별들을 가져가라고 한다
달팽이는 초록 이파리에 도돌이표를 그린다

별들 서넛은 돌아갔지만 서넛은 땅에 눕는다
허전한 맨발이 누운 별들 사이로 파고든다
어둠은 하늘을 끌어당겨 덮어준다

몸을 비운 소주 두 병이 있다
한 병을 꼴딱 비우고 반듯하게 서있는 놈과

똑같이 한 병을 비우고도 홧술에 취해 누워있는
두 소주병 사이
지상에서 마지막 잠이 든 달팽이가
또 있다

삼천포쯤에서

3번 국도를 따라 남쪽 끝 삼천포항에 가 보자
고만고만한 배들
하얀 엉덩이 까고 덤비는 파도에게 넘어가서
이리저리 넘겨다보고 부딪혀도 보는
까만 생머리의 여자 만나면
은근슬쩍 수작이 통할 듯 하는
가끔은 섬과 섬 사이로 낡고 허술한 배 한 척 들어와
잊었던 사람에 대한 소식
흘러들어올지도 모르는 곳

길이 바다에 막혀 오도 가도 못할 즈음
경상도 아지매가 부르거든
지갑이 얇더라도 못 이긴 척 들어가
펄펄 뛰는 참숭어 한 마리 때려눕혀
선홍의 핏물은 바다로 슬쩍 돌려주고
연한 속살 저며 말아주는
물회 한 그릇으로 허기를 때워보자

늦게 찾더라도 방 비우고 기다려주는
삼천포 여관
구석방으로 수배자처럼 숨어들어
얇은 벽 건너오는 이야기 엿들어보자
한숨일랑 그럴 때 듣는 것이다
눈물일랑 그럴 때 흘리는 것이다
술 한 잔 더 따라
앞에 두고
사는 것이 별거였더냐 이해되기 전까지는
잠들지 말자

유리창으로 본 노을

굶주린 짐승의 빨간 눈이
닦고 지나갔을까
핏빛 번지는 유리창

2월 12일 오후 여섯 시
순천만 어느 통나무 찻집 안
뻘밭에서는 어떤 피투성이의 전투가 있었는지
질질 다리 끌며
구멍 집으로 돌아가는
뻘게의 등에 선혈이 낭자한데

그 뻘밭을 닦고 온 바람 한 자락
유리창을 흔들며
뭐라고 뭐라고 했겠지만
어둡기 전에
먼저 등을 켜는
여기는
유리창 안쪽일 뿐

별밭에 누워

뒤꿈치가 푹 꺼진 아내의 신발이 별밭까지 따라온다
많이 고달팠구나. 못난 놈 만나서
미안한 마음에 슬며시 다리 한 쪽 올렸더니
곰살맞은 별 하나가 자박자박 걸어온다
땀내가 좀 섞였으면 어떠리 그것도 사랑해야 하는 것을
어둠에다 몸 담그고 첨벙첨벙 씻고 나면
더러는 우리 몸에서 풀 비린내도 나거늘
어두울수록 더 까만 젖꼭지 두 개가
빳빳하게 고개를 들고 본다
나를 먹어보렴
당.돌.하.게.도
아리운 것들 질펀하게 깔고 앉아
세월 뭉개며 펑퍼짐해진 엉덩이도
온 힘을 다해 단물 모으는데
그래 오늘은 꼭꼭 묶인 정관을 뚫고 씨별 하나
내려놓는 거야
조금은 힘이 부쳐도 날마다 멀어지려는 별빛
팽팽하게 내게로 당겨 보는 거야

섬진강

마흔을 넘은 탓인가
쉽게 나이가 가늠되지 않는 부부가
등 뒤에 차를 세우고 도시락을 먹는다
눈치 볼 사람도 없는 한적한 강가
남자는 먹여주고
여자는 눈을 흘기지만 주는 김밥을 먹는다
강물이 시장기를 느끼는지 출렁거린다
여자의 주름진 손을 훔쳐보았는지
모래벌이 그럴싸한 주름을 만든다

부산 1 아 XXXX, 낡은 승용차
제법 먼 길을 왔는데도
꺼내놓는 이야기들은 대수롭지 않다
강을 보고 밥을 먹노라니
배고픈 강이 속내를 다 받아먹은 모양이다
산과 눈 맞추고 있으니
미운 털도 다 빠진 모양이다
할 말은 한 마디도 못하고

보자기에 다시 싸서 돌아가는 여자
보자기 가득 담아 가는 섬진강이
여자를 한 이태쯤 더 견디게 할 것이다

동수리 민박집에서 귀를 눕히다

혼자 드는 사내가 수상쩍어 선금을 달라고 한다
문짝은 잔바람에도 툴툴거린다
방에 들어도 도시를 벗지 못해 귀부터 세운다

게으름이 천직인 개는 처음 본 사내도 짖지 않는다
낯선 곳에서도 경계 받지 못한 난,
컹컹 대신 짖어보지만 목구멍에서 턱 막힌다
깊다
목구멍 안, 울음이 사는 곳은
수수 대궁 붉은 속보다 더 깊고 멀다

마음을 내려두고 싶은데 받아줄 손이 없다
누군가의 마음도 들어주고 싶은데
그 마음으로 들어가는 길도 없다
깜깜하다
이곳 동수리에서 어둠은 어둠답다
나도 세상도 칠흑이다

연거푸 화장실을 세 번 다녀왔다
마음을 못 비우자 속이나 비우라는 모양이다

옆방 댓돌 위 여자의 신발이 말을 걸어온다
경계를 풀고 귀를 눕힌다
풀잎 돌담 도랑물 툇마루 쟁기 미나리
이런 이름을 불러본다
이따금 산바람이 동수리 민박집 간판을 뒤적이면
나도 다 들켜버린 듯 얼굴만 빨게진다
먼데 개 짖는 소리, 봄비가 자박자박 걸어온다
천천히 풋것들이 몸을 점령한다
밤새 몸만 달아올라 창호문이 환하다

처서 무렵

더 기다려 줄 시간이 없다
썩을 것은 서둘러 썩어버리도록
햇살은 독하게 상한 이파리만 골라 파고들고
바람은 혓바닥으로 고름을 골고루 묻힌다

힘이 부친 늙은 감나무는
간밤에 풋감 몇 개를 버리고
욕심이 화를 부른다며 잡생각에 뭇질하듯
곁가지 하나 뚝 부러뜨려 돌담에 빗장 건다

참을성 부족한 아버지 논물 보시다
선걸음에 먼저 가서 뒷산에 누우시고
앉은 채로 기다리시던 어머니
뒤따라 가셨다

논바닥은 턱턱 제 가슴에 금 그으면서
하늘은 시퍼렇게 질려 멀리 도망가면서
난

'아버지'
하고 부르는 큰놈의 소리를 등에 매달고
가을로 간다

돌을 던지다

부친 묘소 앞 소나무에
애꾸 눈 어린 염소가 멀쩡한 한 쪽 눈을
텅텅 박고 있다
한 쪽 눈으로도 다 볼 수 있는데
감겨진 눈만 보며 낄낄대는 나무에게
복수를 한다

내게 날아올 돌을 피하기 위해
먼저 염소의 남은 한 눈을 돌멩이로 겨냥한다
어둠에다 주먹질하는 것처럼
헛손질이다

돌아가신 아버지가 부른다
그리 사느니 빨리 오라고
'네',
하고 수첩에 써서 대답하고 풀밭에
버린다

염소에게 뜯어먹혀 반만 남은 풀밭이 허덕허덕 나를
뜯어먹는다
거칠게 염소를 끌며 간다 내 목의 고삐가
팽팽해진다

벼랑

아파트 입구에 자전거가 누워있다
바퀴자국이 선명한 길을 데리고 왔다
누군가를 격렬하게 받아들이고 보냈던 흔적이다

그 길을 따라 헐떡거리며 가는데
고양이가 길을 건너다 멈칫한다
비켜주면 안 되는데 하면서
그래도 비켜준다

고양이는 내가 지워질 때까지 노려보는지
등 뒤가 자꾸 따끔거린다
누군가를 길 위에 세워두고 눈으로 지웠던 그날처럼

꽃잎이 등 뒤에서 떨어진다
돌아보지 마
난 벌써 죽는 중이야
처음 내 마음에서 죽은 소녀처럼
꽃잎이 말한다

풍경이 눈을 감았다 뜬다
모든 길이 벼랑이다

저물녘 당신

제철소에서
빨갛게 타는 쇳덩이만 보면서
봄이 가고
여름이 가고
다 가고

꽃이 피었다는 소문이 들려오고
당신이 떠났다는 소문이 찾아오고
빨갛게 빨갛게 타는 쇳덩이만 보면서
납작하게 두드려 패면서
단단해져라
부디 단단해져라

패면서
물 뿌리면서
이놈아
이놈아
울컥울컥 피 쏟을 것 같은 오후도

가버리고

덜컥
저물녘

Made in star

남정훈(평론가)

> 저기 저 높은 곳에 하늘이 있다. 그 하늘에 별들이 반짝이고, 우리는 여기 누워서 하늘을 우러르며 별들과 눈을 맞춘다. 저 별들은 누가 만들어 낸 것인가, 아니면 있는 자 바로 그대로인가?
>
> ―마크 트웨인, 『허클베리 핀』

우선 이 글을 읽기 전에 당신은 근처에 아주 단단한 기둥이나 낮익은 머리통이 있는지 살펴볼 필요가 있다. 만약 조건이 충족된 상황이라면 당신의 이마를 15도 정도의 각도로 숙인 후 상체를 잠시 뒤로 젖혔다가 그 반동을 이용해 힘껏 거기에 부딪쳐보자. 쾅, 하는 소리와 동시에 당신은 눈앞이 캄캄해지면서 지상으로 하강한 별무리들을 볼 수 있을 것이다. 평소에는 저 멀리 손닿지 않는 먼 곳에 있는 아스라한 별들이 아주 친근하게 느껴지지 않은가? 비단 이것뿐만이 아니다. 사람이 죽을 때 흔히 별이 떨어진다고도 하거나 사랑을 할 때 당신의 눈동자를 별에 빗대기도 하는 것을 보면 사람들이 별을 얼마나 친숙하게 느끼는지 알 수 있다. 이는 지구상 어디에서도 볼 수 있는 별의 속성과 무관하지 않다. 지금도 매연과 도시의 휘황한 불빛이 그 빛을 가리고 있을 뿐, 밤하늘에는 무수한 별이 떠 있다.

그러나 우리가 별에 대해 안다고 생각하는 것은 막연한 감정일 뿐이고 과학적으로도 밝혀낸 지식 또한 티끌정도밖에 되지 않는다. 그렇다면 도무지 별이란 무엇이고 어디에서 어떻게 만들어지는가가 가장 먼저 궁금할 법도 하다. 엄밀하게 말해서 별이란 스스로 빛을 내는 천체, 즉 항성을 의미한다. 가만 눈여겨보면 그것은 혼자서도 오롯하지만 자신의 빛으로 타인을, 세상을 밝혀준다는 점에서 오랜 세월동안 묵묵히 내 옆자리를 지키고 있는 아내의 속성과도 닮아있다.

> 뒤꿈치가 푹 꺼진 아내의 신발이 별밭까지 따라온다
> 많이 고달팠구나. 못난 놈 만나서
> 미안한 마음에 슬며시 다리 한 쪽 올렸더니
> 곰살맞은 별 하나가 자박자박 걸어온다
> 땀내가 좀 섞였으면 어떠리 그것도 사랑해야 하는 것을
>
> ─「별밭에 누워」 부분

어릴 적에 한 번쯤 아기는 어떻게 생기냐고 진지하게 물어보면 부모님들은 동서양을 막론하고 마치 그럴싸한 대답을 들려주셨다. 이를테면 황새가 물어와 떨어트려놓고 간다느니 잘 익은 복숭아나무 열매를 따보면 그 안에 있다느니 배추가 노랗게 벌어지면 나온다느니 하면서 그 난감한 질문을 슬며시 피해갔다. 그리고 여기에 반짝이는 별을 생산할 수 있는 별밭이 있다.

고달픈 삶에 지쳐서 신발 뒤꿈치가 닳고 꺼진 땀내나는 아내가 바로 별을 만들어내는 원천인 별밭이다. 여성은 그 자체만으로도 오롯한 우주이자 생명의 근원이다. 남자를 씨로 여자를 밭으로 생각했던 옛 사람들은 여성적인 것을 풍요의 근원이 된다고 믿었다. 노자도 도덕경에서 말했듯이 현빈지문(玄牝之門), 신비스런 여성이 지니고 있는 문은 현묘해서 뭐라 표현할 수 없는 것이지만 도와 같다. 일체만물을 영원히 생성해내는 불가사의한 도와 현빈지문은 다르지 않다. 대지의 물과 달과 나무는 기울면 차고 죽었다 다시 부활하는 재생의 상징이었고 여성 또한 마찬가지로 창조와 생명의 모태로 여겨진 것이다. 따라서 시인은 밤마다 '별밭에 누워' 자는 셈이다. 해가 갈수록, 나이가 들수록 별빛은 아스라하게 멀어지지만 반짝이는 것들에 대한 욕망으로 그는 안간힘을 다해 별의 씨앗을 뿌린다.

먼 나라에서 욕심으로 데려온 별 두 개가 달게 잠들어 있는 방으로 들어갑니다

덮어주어도 잠결에 차버리는 이불처럼 가난을 무서워하지 않는 녀석들, 고맙고 기특해서 애비 마음 한 자락 내려놓고 아내 옆에 슬며시 누워봅니다

—「별빛 체인점」 부분

인간이 별이라면 우리는 누대로부터 내려온 닮은꼴 별의 한 조각에 불과한 것. 피가 연결점이라면 당연히 혈연이라고 해야겠지만 별의 유전자라면 무어라고 해야 하나? 성연(星緣)? 여기에서 자본주의의 속성을 빌려와서 '별빛 체인점' 이라고 이름붙인 재치가 반짝인다.

그런데 이 언술의 실상을 자세히 들여다보면 평범한 시적 진술에서 우주의 진리를 이끌어낸 시인의 통찰에 더욱 놀라지 않을 수 없다. 왜냐하면 실제로도 우리 인간들은 별에서 비롯되었기 때문이다. 먼저 인간의 모태인 지구부터가 별의 산물이다. 지구를 구성하고 있는 물, 탄소, 암모니아, 석회, 인, 염분, 질산칼륨, 황, 불소, 철, 규소 등의 원소들은 수십억 년 전 태양이 태어나기 오래 전에 폭발한 무거운 별 속에서 만들어졌다. 우리 몸의 피 속에 있는 요오드, 철, 칼슘 등도 그러하다. 즉, 별이 생기고 소멸하는 과정에서 원자들이 만

들어지고 그 원자들이 지구와 인간을 이룬 물질이 된 것이다.

저 밤하늘에서 반짝이는 별들은 알고 보면 우리의 어버이인 것. 그러므로 인간은 별에서 태어났다고 말할 수 있다. 우리는 별에게서 몸을 받아 태어난 별의 자녀들이다. made in star. 이게 바로 별과 인간의 관계, 우주와 나의 관계이다. 우리는 우주의 일부분이다.

광양항 통제실, 컴퓨터 운전자 김씨의 아들
가진 것, 하얗고 가느다란 손가락
한 번의 손놀림으로 백만 개의 신호를 날리지만
같이 벌어야 먹고사는 아내와는 통화 두절
하나뿐인 아들과는 신호 체계가 달라서
통제 불능 상태다

위치 자동인식센서에게 밀려나기 시작한 김씨의 신호는
어느덧 아들에게도 손자에게도
불통의 날이 더 많아지고, 그때마다
김씨를 데리고 귀가하던 술
술 취한 날들의 디지털 신호들은 더욱 분간이 어려워
거대한 차의 물결이 밀려드는 신호의 바다 같은
횡단보도 앞에서 휘청거리던 김씨

—「신호」 부분

바람이 불 때마다 깜박이는 별빛은 대기에 부딪쳐 일어나는 빛의 굴절 현상에 다름 아니다. 누군가에게는 의사를 전달하기 위한 신호로 보이기도 하겠지만. 이를테면 백만 개 이상의 신호를 쉴 새 없이 송신하는 김씨에게 그러하다. 그는 일상 속에서도 아내와 자식들에게 무수한 신호를 보내지만 수신되는 신호는 전혀 없다. 그것은 자식들과는 신호 체계가 다른 탓이다. 세상의 모든 부모란, 자식들에게 있어서는 영원한 아날로그 형식인 것을. 디지털 신호 세대인 자식들은 결코 부모를 읽지 못한다, 그 자신이 부모가 되기 전까지는. 내가 낳은 별임에도 내게 속하지 않는 아이러니가 김씨의 발을 휘청거리게 하고 횡단보도의 신호를 인지하지 못하게 만든다.

그런데 자식 세대와는 신호체계가 달라서 어쩔 수 없다 치지만 같은 세대인 아내와도 불통. 그 어느 쪽도 통제불능 상태의 삶이라서 그는 더욱 무력해진다. 디지털 신호란 0과 1의 수없는 조합이라서 더욱 해독이 어려운 것일까. 가족과도 이러한데 아주 낯선 타인과 소통된다는 일이 수월하겠는가. 이쯤 되면 소통이란 것이 과연 실재하는 것이기는 한지 의문스럽기만 하다.

신호란, 누군가 읽어주지 않으면 무의미한 현상에 불과한 것. 별과 별 사이의 실재적, 심정적 거리는 이토록이나 멀다.

쇠꽃으로 피고 싶어
향기도 색깔도 없이 환하게 한 번 피었다가
까맣게 단번에 시들어서 죽은 듯 살아있는 듯
아무도 모르는 쇠꽃으로 피고 싶어

사실일지 모르지만
천 년 전 에밀레종 끓는 쇳물 속에서 피었던 사람
천 년을 구성지게 운다고 하더군요
천 년 전이야 모르지만
어느 날 그곳으로 뛰어드는 사내를 보았지요
보지 않았다면 단지 실종으로 처리될 만큼
완벽하게 아무런 흔적도 남지 않았어요

—「쇠꽃」 부분

하늘에서 유난히 빛나는 것이 별이라면 땅에서 가장 빛나는 것은 꽃이다. 따라서 별은 지상으로 내려와서는 꽃으로 구현된다. 별이 낱낱의 인간들의 면면에 불과한 것이라면 꽃 또한 마찬가지인 셈이다.

특히 그 중에서도 「쇠꽃」은 가장 찬란하게 빛나다가 흔적도 없이 사라진 한 별의 일생을 기록한 시이다. 별들도 사람과 마찬가지로 생로병사를 거치는데 죽음을 맞는 방법 또한 인간들처럼 제각각이다. 덩치, 즉 질량이 작은 별은 조용히 졸아들어 죽지만 태양보다 2, 3배 덩치가 큰 별은 자신을 이루고 있던 온 물질을 우주 공간으로 폭풍처럼 내뿜고는 몇 초 만에 산산조각으로 흩어진다. 짧지만 강렬한 임종, 이때 빛의 강도는 수천억 개의 별을 가진 온 은하가 내놓는 빛보다 더 밝다.

제철소에서 일하는 시인은 펄펄 끓어오르는 벌건 쇳물을 보면서 천 년 전에 에밀레종에 던져진 어떤 사람과 자신의 모습을 오버랩시킨다. 아니, 천 년 전까지 갈 것조차 없다. 작년, 정읍의 부품 주물공장에서도 강렬한 쇠꽃으로 핀 남자가 있었다. 여기에서 말하는 '향기도 색깔도 없이 환하게 한 번 피' 는 쇠꽃이 눈부심이 바로 그의 목숨값일 터.

자의가 아닌 타의나 사고에 의해 꽃을 피운 두 사내에 대한 연민 뒤로, 그들처럼 쇠꽃으로 피어 천 년 동안 피고픈, 아니 한 세상을 후회없이 살다가 흔적 없이 떠나고 싶다는, 윤회조차 거부하고 싶은 시인의 욕망이 쇳물의 온도처럼 지독하게 뜨겁다.

> 그게 말이지 그때 찾아오더라고
> 나 같은 천생 무식 용접쟁이가 뭐가 뭔지 잘 모르지만
> 아내가 외출하자

난 꿈속을 날았거든
곧 우주 공간 한 좌표상에 도달했지
검고 푸른빛이 끊임없이 태어나고 소멸하는 곳
시간은 무한정으로 흐르지만
끝없는 추락에도 공간은 전혀 바뀌지 않고
중량도 색도 성분도 불필요한 곳

외출에서 돌아온 아내가 깨웠어
삼겹살처럼 잘 익은 시간이
막 노을을 건너려고 노릿노릿해지던 참이었지
때마침 초저녁 유성우가 폭포처럼 쏟아졌어
그냥 용접 불꽃인데 아름답다고 했어

―「용접공」 부분

시인이 쇠꽃이 되어서까지 도달하고픈 곳은 어디일까. 그것은 '검고 푸른빛이 끊임없이 태어나고 소멸하는 곳/시간은 무한정으로 흐르지만/끝없는 추락에도 공간은 전혀 바뀌지 않고/중량도 색도 성분도 불필요한 곳' 임에 틀림없다. 봄·여름·가을·겨울 할 것 없이 '제철소에서/뻘겋게 타는 쇳덩이만 보면서' 시간을 보내던 시인이 그와 닮은 우주의 영원성에 매료된 것이다. 용접불꽃이 유성우처럼 쏟아지는 것을 보면서 그는 자신이 우주와 일체화되어 있음을 느낀다.

복잡다단한 인간사에서 멀리 동떨어진 곳, 우주처럼 광대무변한 시공간 속에서는 연필로 콕 찍은 점 하나보다 작은 인간들의 고뇌와 감정 같은 건 덧없다. 자식교육 문제, 입시문제, 경제 문제, 대인관계 문제, 정체성 문제, 사회 문제. 다만 한 인간일 뿐인데, 우리는 마치 덩굴식물들처럼 서로 얽혀 있어서 내가 나로서만은 살 수가 없다.

우주의 구성원으로서의 나라는 존재는 중량이나 색, 성분에 구애받지 않고 그 자체로 용납되는 한 알갱이에 불과하지만 사회의 구성원으로서의 나는 출신성분, 학벌, 직업, 사상, 이념, 경제력 등에 좌지우지되는 거대한 공장의 부속품 중 하나이다. 의지와 상관없이 거대한 힘에 떠밀려 움직여야 하고 쓸모가 다 하면 버려지는.

고향에서 캐온 소사나무 분재가
베란다 화분에서 말라가요
삐비꽃처럼 마르면서도
가지를 남쪽으로 걸어두었는데요
다음날 서너 해를 거르던
베고니아 꽃이 무성하게 피었어요
바람이 전하는 냄새가 잎맥을 파고들며
이었을 망향의 대물림

아내는 베고니아가 피어난 것은
정성을 다한 까닭이라 말하지만
아파트도, 203호로 불려지는 아내도,
화분에 심어진 나무도
그 뿌리는 모두 허공에 있는 것

—「떠 있는 도시에서」 부분

우리집에 있는 소사나무와 삐비꽃과 베고니아꽃과 아내의 공통점은 그 '뿌리를 허공에' 둔 것들이다. 고층건물과 아파트가 대다수인 현대의 주거형태가 그들이 살아가는 방식마저 바꿔버렸다. 현재 지구상에 있는 많은 사람들이 공중에 떠 있는 채 대부분의 시간을 살아간다. 지상에 있는 모든 뿌리들이 하늘을 향해 자라는 것이라면 허공에 떠 있는 모든 뿌리들은 땅을 그리워하면서 자란다. 양성굴광성의 줄기와 음성굴광성의 뿌리처럼. 그렇다면 베고니아꽃이 서너해만에 드디어 꽃을 피운 것은 이웃의 소사나무 분재가 몰고 온 고향(땅)의 바람 때문일까 아니면 드디어 그는 허공의 삶에 뿌리를 안착한 것일까.

그런데 두 다리를 가지고 걸어다니는 인간은 굳건한 뿌리를 가진 베고니아꽃과는 사정이 다르다. 단단히 뿌리내릴 수도 없고 하염없이 떠돌아다닐 수도 없는 어중간함. 언젠가부터 유목의 습관을 버리고 한 곳에 정착하여 살고 있는 것은 단지 편의와 생존상의 전략일 뿐이지, 그것을 인간의 본질적 특성이라고 단언할 수 있는 것은 아니다. 인간이란, 발은 땅을 딛고 눈은 별빛을 바라보는 모순된 속성을 가지고 있는 존재라서 베고니아꽃처럼 어느 쪽에 속해있다고 정의 내리기가 쉽지 않다.

그 어디에도 정착할 수 없는 공허함이 허무와 동경을 낳는다. 베고니아꽃과 별처럼 지상과 하늘에 못박힌 뿌리 가진 것들에 대한 동경이다. 마음이란 어딘가 둘 데 없는 것이어서 딱 들어맞는 자리를 좀체 찾을 수 없다. 과연 마음의 고향이란 어디에 있을까, 대체 있기나 한 걸까.

'행성[planet]'의 어원은 그리스어의 떠돌이, 방랑자[planetai]에서 비롯되었는데 이 시집에서 꽤 많은 자리를 차지하고 있는 여행시편들은 유목의 별 아래에서 태어난 시인의 심경을 대변한다. 앵남역, 경전선 옥곡역, 기차표, 시외버스 터미널, 동수리 민박집, 섬진강, 삼천포, 와우마을. 시인의 여정은 한 별이 지나간 흔적의 기록, 별의 궤적이라 말할 수 있다. 별은 한 자리에 붙박혀 있는 것 같지만 매일 특정한 궤도를 공전한다. 별은 하늘을 가로질러 가면서 그와는 무관한, 그러나 무심할 수는 없는 것들을 날날이 보고 듣는다.

지나가면서 스치는 이웃한 별들의 속사정들, 풍경들. 여기에서 시인은 적당한 거리를 두고 관찰자나 방관자의 모습으로 있는 것 같지만 그렇다고 그네들의 아픔들을 철저히 외면하지도 못한다. 이처럼 시인이 어딘가로 자꾸만 떠도는 것은 지독한 상실감을 채우기 위한 몸부림이다.

> 의사도 같은 용접쟁이였지
> 노련하게 다른 살점을 떼다가 덧대기 용접을 하더니만
> 그냥 누워 있으래
> (중략)
> 크으 그래 니들이야 용접을 해본 적이 있어야지
> 내가 보면 세상만사가 용접쟁이의 일상과
> 별반 다를 게 없는데
> 모르지 암만 모를 거야
>
> —「용접공」 부분

그렇다. 일상이란 작은 편린들을 수없이 이어붙인 결과물이 바로 삶이다. 늙은 매화나무는 꽃을 몸통에 땜질하고, 아내는 잠깐의 외출로 생기를 붙여오고, 의사는 살점을 덧대어 붙이고, 시인은 아내 없는 구멍난 시간을 잠으로 때웠다. 곰곰 쳐다보면 밤하늘의 별들 또한 마치 반들반들 땜질해놓은 자국 같아 보이지 않은가?

우리는 짧고 유한한 인생이 아쉬워서 자꾸만 무엇을 이어붙여 부족함과 허전함을 메우려들고 제멋대로 별과 은하와

우주에 영원성을 투시한다. 북반구에서 어떤 별들은 결코 지지 않고 영원히 그 자리에 있는 것처럼 보이기도 하는데 주극성이라고 하는 별들이다. 그러나 저 별빛들은 모두 과거다. 수십억 년, 수백만 년 전에 생성된 별들이 수 분 전이나 훨씬 오랜 시간 전에 보내온 신호이다. 저것들은 이미 불타올라 사라져버린 별일 수도 있다. 별도, 신도, 인간도, 사물도, 자연도 모두 왔다가 사라진다.

따라서 우리가 알고 있는 영원성이란 단어에 대한 개념은 수정될 필요가 있다. 아무 것도 변하지 않고 처음의 모습 그대로 끝까지 유지되는 그런 것이 아니라, 점점 쇠퇴해가더라도 자신의 쓸모를 다 하고 자기 수명만큼만 존재하다가 사라지는 순간의 영원성. 어떠한 존재와 현상에도 우연은 없고 의미가 있다는 인식이 모든 순간에 필연성과 영원성을 부여한다. 필연성과 순간의 영원성은 가장 분명하고 예외없는 코스모스의 기본 진리이기도 하다.

다시 눈을 돌려서 시선을 위로 올려보자. 매연과 불빛 공해로 달도, 별도 더 이상 제대로 보이지 않고 그저 희부윰한 밤하늘만 보인다. 그러나 대기오염이 가속화되어 맨눈으로는 보이지 않을지라도 거기에 별이 있다는 건 변함없는 사실이다. 행성, 별, 가스, 먼지, 은하, 성운, 소행성, 혜성 등 하늘에서 관측할 수 있는 것은 존재하는 것의 극히 일부에 지나지 않고 우리는 이제 과학자들과 마찬가지로 눈에 보이는 것보다 더 많은 것이 틀림없이 있다는 사실을 안다.

시인이 추구하는 별도 저기에 있을 것이다. 새벽 세 시에서 네 시 사이, '생각이 한 잎 돋아나거나/돌멩이 하나 옮겨놓듯 누가 슬쩍 이승에서 저승으로 옮겨가도' 모름.(「새벽 세 시에서 네 시 사이」). 깊이를 측정할 수 없는 캄캄한 어둠 속에서 시인은 아무도 눈치채지 못할 일탈을 꿈꾼다. 다시금 우주 속의 한 원자로 다시 소속되기 위해, 아늑한 세계의 바깥으로 내쳐진 아기가 모태를 그리워하듯이.

우리는 별을 무척이나 사랑한 나머지 이제는 밤을 두려워하지 않게 되었다.* 지금은 밤하늘에서 봄의 대삼각형이 기울어지는 시기, 북두칠성이 국자를 뒤집은 채 나타나고 사자자리의 별들이 물음표를 거꾸로 던지는 봄의 마지막 달. 지금 '제 안의 열로 지상에서 뜨거웠던 글자들' 을 '화장(火葬)' (「완독(玩讀)」)했던 별의 한 계절이 끝났다.

* 어느 아마추어 천문가의 묘비 : 칼 세이건,『코스모스』. 2004